예수 이름의 능력

예수 이름의 능력

초판1쇄 발행   1985년 7월 31일
개정판1쇄 발행 2012년 1월 28일
개정판2쇄 발행 2017년 6월 29일

지 은 이   칼리스토스 웨어 대주교
펴 낸 이   암브로시오스 대주교
펴 낸 곳   정교회출판사
출판등록   제313-2010-5호

주   소   서울특별시 마포구 아현동 424-1
전   화   02)364-7020
팩   스   02)365-2698
e-mail   editions@orthodox.or.kr

* 잘못된 책은 바꿔드립니다.

정가 6,000원
ISBN 978-89-92941-24-2   03230

ⓒ정교회출판사, 2012

* 이 책에 실린 내용은 무단복제와 무단전재를 할 수 없습니다.

정교 영성의 예수기도

예수 이름의 능력

칼리스토스 웨어 대주교 지음

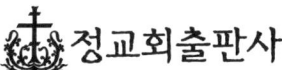
정교회출판사

■ **차례**

기도와 침묵 _____ 9

단순성과 유용성 _____ 17

복합성 _____ 24

'이름'의 능력 _____ 27

단일화(單一化) _____ 32

내면화(內面化) _____ 38

호흡 조절 _____ 45

여정의 목적 _____ 54

저자에 대하여 _____ 60

기도와 침묵

 핀란드 정교회 작가 한 사람은 이런 지혜로운 말을 했다. "기도할 때면 그대 자신은 침묵을 지켜야 한다. … 그대 자신은 침묵을 지키고 기도가 말을 하도록 해야 한다.[1]

 침묵을 실현하는 것, 이것은 기도 수업에 있어서 가장 힘들면서도 결정적으로 중요한 일 가운데 하나이다. 침묵이란 결코 소극적인 것 말과 말 사이의 끊김이나 이야기의 일시적인 중단이 아니다. 침묵은 제대로만 이해하면 아름답고 적극적인 것이 된다. 촉각을 곤두세우고 깨어 경계하며 무엇보다도 귀를 기울이는 자세가 바로 침묵인 것이다. 관상기도의 경지(觀相祈禱 境地 : hesychia), 그러니까 내적 고요와 침묵에 도달한 관상가(觀相家 : hesychast)는 다시 없이 훌륭하게 귀를 기울이는 사람이다. 그는 자기 마음 속에서 기도의 음성을 들을 줄 알고, 또 이 음성이 자신의 목소리가 아니라 자기 안에서 말씀하시는 '타자'(他者)의 음성임을 안다.

 기도에 관한 간단한 정의 네 가지를 고찰해 보면 기도와 침묵 사이의 상호 관계를 보다 뚜렷하게 알게 될 것이다.

---

1) 「수덕(修德)의 길」, Tito Colliander, London, 1960, P. 79.

첫 번째 정의(定義)는 옥스퍼드 사전에 나오는 것으로, "…하느님을 향한 진지한 청원… 기도에 사용되는 형식"이라 되어 있다. 그러니까 여기에서 기도는 말로 표현되는 무엇으로, 좀 더 정확하게 말해서 하느님께 어떤 은전을 베푸시도록 청하는 행위가 되고 있다. 이것은 내적 기도라기보다는 외적 차원에 머무르고 있는 기도인 것이다. 이런 형식의 정의에 만족할 사람은 별로 없다.

지난 세기에 러시아의 영적 지도자가 제시한 두 번째 정의는 이보다 한결 내적인 것이다. 은수자 테오판 주교(Bishop Theophan the Recluse : 1815-94)는 말한다. "기도에 있어서 중요한 것은 온 마음과 정신을 다 바쳐 하느님의 성전에 서되, 생명이 다할 때까지 밤낮없이 항상 하느님 앞에 서 있는 것이다."[2] 이 같은 정의에 입각해서 바치는 기도는 결코 어떤 것을 요구하는 선에서 끝나지 않으며, 전혀 말 한 마디 하지 않고서도 기도가 이루어질 수 있게 된다. 또한 기도는 일시적인 행위라기보다 지속적인 '상태'가 된다. 그러니까 기도하는 것은 곧 하느님 앞에 서며 그분과 직접적이고도 인격적인 관계를 맺는 것이 된다. 기도하는 것은 직감에서 지성(知性)에 이르기까지, 그리고 잠재의식에서 초절적(超絶的) 의식에 이르기까지 우리 존재의 모든 차원에서 우리가 하느님 안에 있고 하느님이 우리 안에 계신다는 사실을 깨닫는 것이다. 우리가 다른 사람들과의 인간 관계를 확인하고 심화하기 위해서 계속해서 어떤 것을 요구하거나 끊임없이 말을 걸어야 하는 것은 아니

---

2) 「기도법」, Igumen Chariton of Valamo, 『정교회 선집』
 (영문번역; E. Kadloubovasky & E. M. Palmer, London, 1966), P. 63.

다. 우리가 서로를 잘 알고 사랑하면, 서로에 대한 속 마음을 말로 표현할 필요성은 오히려 그만큼 줄어든다. 하느님과 우리 사이의 개별적인 관계 역시 그와 마찬가지이다.

이상의 두 가지 정의에 있어서는 하느님의 행위보다도 인간의 행위가 일차적으로 강조되고 있다. 그러나 기도라는 인격 관계에서 주도권을 갖는 쪽은 인간이 아니라 하느님이시다. 그러니까 하느님의 작위(作爲)가 근간이 되는 것이다. 이러한 개념은 시나이의 성 그레고리오스(St. Gregory of Sinai, +1346)가 내리고 있는 세 번째 정의에 내포되어 있다. 그는 그의 회심작에서 내적 기도의 실상을 설명하고자 온갖 미사여구를 동원하는데, 그 끝은 전혀 예상 밖의 단순한 말로 맺어진다. "기도를 길게 바칠 이유가 어디 있겠는가? 기도는 곧 하느님이요, 하느님은 모든 인간들 안에서 모든 일을 이루시는 분 아니신가!"[3] 기도는 곧 하느님이다. 기도는 내가 하는 것이 아니라, 내가 참여하는 것이다. 기도는 원칙적으로 '내가' 하는 것이 아니라 '하느님이' 내 안에서 하시는 것이다. 성 바울로의 말대로 "내가 사는 것이 아니라 그리스도께서 내 안에서 사시는 것이다."(갈라디아 2,20) 세례자 성 요한이 메시아에 관해 했던 말 속에 바로 내적 기도로 통하는 통로가 있다. "그분은 커지셔야 하고 나는 작아져야 한다."(요한 3,30) 기도하는 것이 침묵하는 것이라는 말의 뜻은 바로 이런 의미에서다. "그대 자신은 침묵을 지키고 기도가 말을 하게 해야 한다." 좀 더 정확히 말해서 하

---

[3] 「총론」 113(PG 150, 1280A). 참조 『동방정교회 평론 4집』 중 '시나이 성 그레고리오스의 예수 기도', 1972, P. 8.

느님이 말씀하시도록 해야 한다. 참된 내적 기도는 말을 멈추고 내 마음 안에서 들려오는 하느님의 무언의 목소리에 귀를 기울이는 것이다. 그것은 내 자신이 하는 일들을 중단하고 하느님의 행위에 흡수되는 것이다. 비잔틴 전례가 시작하여 프로스꼬미디(예비제단의 절차)가 끝나고 성찬식에 들어갈 만반의 채비가 갖추어지면, 보제는 사제에게 가서 말한다. "주께서 나설 때입니다."[4] 바로 이것이 비단 성찬 전례에서뿐 아니라 개인 기도든 공동 기도든 모든 기도에서 예배자가 취해야 할 자세이다.

네 번째 정의 역시 시나이의 성 그레고리오스로부터 유래되고 있는데, 이는 주께서 우리 안에서 이루시는 행위의 성격을 보다 명확하게 지적해 준다. 그는 말한다. "기도는 세례의 출현이다."[5] 주님의 역사(役事)는 말로 세례 받는 자들에게만 한정되는 것이 아니다. 사람은 저마다 하느님의 거룩하신 모습에 따라 창조된 까닭에, 하느님은 모든 사람들 안에 현존하시면서 역사하신다. 그러나 이러한 하느님의 모습은 인간이 죄로 인해 타락함으로써, 비록 완전히 지워지지는 않았지만, 흐려지고 희미해져 버렸다. 그 모습이 이 세례성사를 받음으로써 교부들이 소위 "우리 마음의 은밀하고 내밀한 방"이라고 부르는 곳에 그리스도와 성령께서 거처하시게 됨에 따라 원래의 아름다움과 광채를 회복하게 되었다. 그렇지만

---

[4] 시편 118(119) : 126에서 인용. 이 전례문의 영어본에는 "주께 (희생제사를) 드릴 때입니다."로 되어 있다. 그러나 위에서 제시한 것이 의미가 더 풍부하며 많은 정교회 주례가들도 이것을 지지하고 있다.
그리스어 원본은 Kairos라는 말을 사용하고 있다. "주께서 행하실 Kairos입니다." 여기에서 Kairos는 결정적인 순간 즉 적시(適時)라는 특별한 의미를 지니고 있다. 기도하는 사람은 Kairos를 포착한다. 우리가 지적하고자 하는 요점은 바로 이것이다.
[5] 「총론」 113(PG 150. 1277D)

신자들 절대 다수가 유아 때 세례를 받았음으로 그 같은 사실을 기억하지 못하고 있다. 씻어주시는 그리스도와 거처하시는 빠라끌리또스(위로자)께서 우리 안에서 한 순간도 쉬지 않고 역사하시지만, 우리들 대부분은 특별한 경우들을 제외하고는 이 내적 현존(現存)과 활동을 의식하지 못한다. 참된 기도는 바로 이 세례의 은총의 재발견이요, '출현'을 의미한다. 기도하는 것은 곧 은총이 우리의 마음 속에 은밀히 그리고 무의식적으로 존재하는 상태에서, 우리가 성령의 활동을 지금 당장 직접적으로 느끼고 체험할 수 있는 완전한 내적 인식과 의식적인 자각의 상태로 옮겨가는 것을 말한다. 성 칼리스토스와 성 이그나티오스 산토스포울론스(14세기)의 말에 따르면 "그리스도교적 생활의 목표는 처음에 성세(聖洗)로 부여받은 거룩하시고 생명을 주시는 성령의 온전한 은총을 회복하는 것이다."[6]

"나의 끝은 내 시작 속에 내재하고 있다." 기도의 목적은 "있는 그대로의 그대가 되라"는 말로 요약될 수가 있다. 하느님의 모습에 따라 창조되고 세례를 통해 재창조됨으로써 잠재적이며 은밀하게 이루어진 그대, 이 그대를 능동적인 존재로 만든다. 있는 그대로의 그대가 되라. 좀 더 정확히 말해서 그대 자신으로 되돌아가라. 이미 그대의 것이 된 '그분'을 발견하라. 그대 안에서 쉴 새 없이 말씀하고 계시는 '그분'에게 귀를 기울여라. 현재 그대로 소유하고 있는 '그분'을 소유하라. 바로 이것이 기도하려는 사람 모

---

[6] 「세기(世紀)」 4(PG 147, 637D) 기도를 하느님의 내재적 현존의 발견으로 보는 성체성사와 연결시켜도 동일하게 설명될 수 있다.

두에게 전하고 계시는 하느님의 메시지이다. "그대가 이미 나를 알고 있지 않았던들 나를 찾지 못했을 것이다."

그렇다면 시작은 어떻게 하면 좋을까? 어떻게 해야 우리가 우리 이야기를 중단하고 귀를 기울이는 법을 배울 수 있을까? 그저 하느님께 말씀만 드리지 않고, 어떻게 해야 하느님께서 우리에게 말씀하시는 그런 기도를 바칠 수 있을까? 우리가 어떻게 해야 말로 표현되는 기도에서 침묵의 기도로, (테오판 주교의 표현을 빌리자면) "노력을 해야 하는" 기도에서 "저절로 작동되는" 기도로, "나의" 기도에서 "그리스도가 내 안에서 바치는 기도"로 넘어갈 수 있을 것인가?

이 같은 내적 여행의 길에 등정하는 한 가지 방법이 바로 '이름에 호소하는 기도'를 통하는 방법이다.

"주 예수여…"

물론 이 방법만이 유일한 것은 아니다.

인격체들 간의 상호적 자유와 자발성 없이는 참된 관계란 존재할 수 없는 법이며, 내적 기도의 경우 특히 그렇다. 기도하려는 삶 모두가 반드시 지켜야 하는 고정불변의 법칙들이란 존재하지 않으며, 마찬가지로 물리적인 것이든 정신적인 것이든 간에 하느님으로 하여금 어쩔 수 없이 당신의 현존을 드러내 보이시지 않으면 안 되도록 만들 수 있는 자동적인 기술 역시 존재하지 않는다. 그분의 은총은 언제나 자발적인 선물로서 부여되는 것이며, 그것을 자동적으로 얻어낼 수 있는 방법이나 기술 같은 것은 있지도 않다. 그러므로 '마음의 나라'에서 이루어지는 하느님과 인간의 만남은 그 형태가 천태만상이라는 점이 특징이다. 정교회에는 '예수 기도'에 관해 별로 언급하지 않거나 특별하게 이야기하지 않는 영성가들이 있다.[7]

그러나 '예수 기도'는 내적 기도로서 완전히 독보적인 위치를 차지하고 있지는 못한다 하더라도 여러 세기에 걸쳐 무수한 정교회 신도들에게 표준적인 길이요 왕도(王道)가 되어 온 것이 사실이다. 이 점은 비단 동방교회 그리스도인들에게만 적용되고 있는 것이 아니다.[8] 지난 60년대에 걸쳐 정교회와 서방교회의 만남이 이루어져 오는 과정에서, '예수 기도' 이상으로 서방교회의 강렬한 관심을 불러일으킨 것도 없었으며, 단행본으로는 「순례자의 길」[9] 이상으로 서방교회에 광범위한 영향력을 파급시킨 것도 없다. 이 불가사의한 작품은 혁명 전 러시아에서는 별로 알려져 있지 않았던 것인데, 오히려 정교회 바깥 세계에서 놀라운 반응을 불러일으켰고 1920년에는 여러 나라 말로 번역되기에 이르렀다.[10] J.D. 실

---

7) 예를 들어 신신학자(新神學者) 성 시메온의 유작들이나 에베르 제티노스의 폭넓은 영성 선집 어디에도 '예수 기도'에 대한 언급이 나오지 않고 있다.(두 사람 모두 11세기 사람들이다.)
8) 물론 중세 서구를 비롯하여 영국에 있어서까지도 '거룩하신 이름 예수'께 대한 깊은 신심이 존재했다. 신심이 비잔틴 전승에 따른 '예수 기도'와 특정한 점들에서 차이는 있었지만 그래도 뚜렷한 유사점들 역시 지니고 있었다. 이 책에서는 서구식 '이름에 호소하는 기도'를 논하지는 않을 것이다. 이 주제는 후에 다른 글에서 다루어져야 할 것이다. 이것에 관한 짤막한 논문으로는 「크리소스톰」 3권 2항(1972년) 113-117쪽에 실려 있는 존 A. 구들의 "14세기 영국 영성작가들이 보는 '예수 이름에 호소하는 기도'"가 있다.
9) * 역자 주 1979년 로마 가톨릭 최익철 신부에 의해 "이름 없는 순례자"로 출판되었다.
10) 이 책이 최근에는 아대륙 인도의 주요 언어들 가운데 하나인 마하라티어로도 번역되었다. 이 번역본은 '이름'의 영성(靈性)에 전문가인 어떤 힌두 대학 교수가 서문을 썼다. 「동방교회 평론」 제5권(1937) 77쪽에 나온 E. R. Hambye. SJ 편을 보라.

링거의 독자들이라면 이 "연두빛 헝겊 표지의 소책자"가 프랑스인들에게 준 충격을 여실히 기억하고 있을 것이다.

여기에서 우리는 '예수 기도'의 어느 면이 그토록 탁월한 호소력과 효험을 발휘하고 있는지 자문해 보지 않을 수 없다. 우리는 다른 무엇보다도 네 가지 특성을 들 수가 있다. 첫째는 그 단순성과 유용성이며, 둘째는 그 복합성이고, 셋째는 '그 이름'의 힘이며, 넷째는 지속적인 반복을 통한 영적 수련이 그것이다. 그러면 이제부터 이 같은 요소들을 한 가지씩 차례로 살펴보기로 하자.

단순성과 유용성

 '이름에 호소하는 기도'는 그리스도이면 누구나 할 수 있는 지극히 단순한 기도이지만 이 기도는 사람을 가장 심오한 관상의 신비에로 이끌어 준다. '예수 기도'를 날마다 오랫동안 바치도록 권하는 사람 그리고 더 나아가서는 이 기도와 연결시켜 호흡 조절이나 기타 물리적인 방법들을 활용하려고 드는 사람은 영성 지도자, 곧 경험이 풍부한 영적 지도자의 필요성을 주장하는 사람이다.

 오늘날에는 이런 영성 지도자가 극히 드물다. 그러나 영성 지도자와 개별적인 접촉을 갖지 못한 자들도 제한된 시간 동안 처음에는 한 번에 10분이나 15분을 넘지 않게 실시하면서 육체의 자연스러운 리듬을 깨뜨리려고 덤비지만 않는다면, 아무런 두려움 없이 이 기도를 바칠 수 있다.

 어떤 전문 지식이나 특별한 훈련이 있어야 '예수 기도'를 시작할 수 있는 것은 아니다. 초심자에게는 그냥 시작해 보라고 하면 되는 것이 이 기도이다. 걸음마를 배우려면 우선 첫 발을 내딛어야 하며, 수영을 배우려면 우선 물 속에 뛰어들어야 한다. '이름에 호소하는 기도' 역시 마찬가지이다. 경외심과 사랑으로 바치기 시작하라. 거기에 집착하고, 계속 되풀이하라. 그대가 '그 이름'을 부르고 있다는 생각을 버려라. 오로지 예수 그분만을 생각하라. 천천히, 부드럽게, 그리고 평화롭게 그분의 이름을 부르라.[11]

이 기도의 형식은 쉽게 배울 수 있다. 이것은 기본적으로 "주 예수 그리스도여, 나를 불쌍히 여기소서."라는 말로 이루어진다. 그렇다고 해서 획일적인 형식이 엄격하게 규정되어 있는 것은 아니다. 그러니까 "주 예수 그리스도여, 우리를 불쌍히 여기소서."라고 할 수도 있고 "주 예수여"라고 할 수도 있으며 별로 잘 쓰이는 것은 아니지만 그저 "예수여"라고만 할 수도 있다. 선택 나름의 문제이지만, 기도문에다 "죄인"이라는 낱말을 덧붙임으로써 참회적 성격을 부각시킬 수도 있다. 때로는 하느님의 모친과 성인들의 이름을 삽입시킬 수도 있다. 하지만 단 하나 변할 수 없는 필수 요건은 "예수"라는 거룩한 이름이 들어가는 것이다. 각자는 개별적인 체험을 통해서 자신의 요구에 가장 훌륭하게 부합되는 특수한 형태의 기도문을 임의대로 선택할 수 있다. 그리고 이 선택된 기도문에 때때로 변화를 시도할 수도 있다. 다만 기도문이 너무 자주 바뀌지는 않도록 해야 한다. 시나이의 성 그레고리오스가 경고하고 있듯이 "자주 옮겨 심는 나무는 뿌리를 내리지 못하기"[12] 때문이다.

이 기도를 바칠 때의 외적 분위기 역시 유용성을 갖는다. 이 기

---

[11] "동방교회 수도자". 「예수 이름에 호소하는 기도」(The Fellowship of St. Alban and St. Sergius, 런던 1950). PP. 5-6.(SLG Press에서 재발간. 1970. PP. 2-3.)
[12] 「평온과 두 가지 기도방법에 관하여」2(PG 150, 1316B).

도를 활용하는 방법은 "자유로운" 것과 "공식적인" 것 두 가지로 대별될 수 있다. "자유로운" 활용이란 하루 중의 일상적인 일들을 수행하면서 이 기도를 바치는 것을 말한다. 재봉질이나 세탁, 양말 수선이나 정원일 같은 집안일을 하거나 반쯤 반사적인 일을 수행할 때, 걷거나 운전할 때, 줄을 서서 버스를 기다리거나 교통이 혼잡하여 발이 묶였을 때, 고통스럽거나 처리가 힘든 면담에 앞서 짤막한 틈을 가질 때, 잠이 오지 않거나 잠에서 완전히 덜 깬 상태에 있을 때 등, 영적으로 무익하게 지나쳐 버릴 수 있는 짬짬에 이 기도를 한 번이든 여러 번이든 바칠 수가 있다. '예수 기도'의 독특한 가치는 비교적 복잡한 형식의 기도가 불가능한 어지러운 상황들 속에서도 바칠 수 있을 만큼 그 형식이 매우 간단하다는 데 있다. 이 기도는 특히 긴장된 순간이나 커다란 근심에 시달리고 있을 때에 도움이 된다.

'예수 기도'를 이처럼 "자유롭게" 활용함으로써 우리는 제한된 "기도 시간"-교회에서 예식을 바칠 때든 자기 방에서 홀로 기도할 때든 간에-과 일상 생활 속의 정규적인 활동들 사이에 있을 수 있는 간격을 메꾸게 된다.

성 바울로는 "늘 기도하라."고 역설하고 있다.(Ⅰ데살로니카 5,3) 그러나 기도 외에도 훌륭하게 해내야 할 일들이 많은 판국에 어떻게 계속 기도만 하고 있을 수 있는가? 테오판 주교는 그의 금언집에서 참된 길을 제시한다. "손으로는 일하되, 마음과 정신은 하느님과 함께 하라."[13] 자주 되풀이해 바침으로써 거의 습관적인 것

---

13) 「기도법」 P. 92.

이 되고 무의식적인 것으로 굳어질 수 있는 이 '예수 기도'는 우리로 하여금 어디에 있든지-성소(聖所)에 있을 때나 홀로 있을 때뿐 아니라 부엌과 공장 또는 사무실에 있을 때라도-하느님의 현존 안에 머무를 수 있도록 도와준다. 이리하여 우리는 "신심업을 수행할 때보다도 일상적인 일들을 수행할 때 하느님과 더욱 긴밀하게 결합했던" 라우렌시오 수사처럼 되게 된다. 그는 말했다. "기도 시간이 다른 시간과 달라야 한다고 생각하는 것은 지독한 망상이다. 왜냐하면 우리는 기도 시간에는 기도로 하느님과 일치되듯이 작업 시간에는 일로 그분과 일치되지 않으면 안 되기 때문이다."[14]

이처럼 "자유롭게" 바치는 '예수 기도'를 보완해 주고 강화시키는 것이 바로 모든 외적 활동을 중단하고 오로지 기도에만 온 신경을 집중하는 "공식적인" 활용 방법이다. 여기에도 엄격한 규범 같은 것들은 없으며, 따라서 다양성과 유용성이 적용될 수 있다. 특정한 자세란 전혀 필수적인 것이 못된다. 정교회에서 기도는 대부분 앉아서 바치지만 서거나 무릎을 꿇고 몸이 약하고 기운이 쇠진했을 경우라면 누운 채로도 바칠 수가 있다. 이 기도는 보통 촛불이나 등불에 비치는 성화(聖畵) 앞에서 눈을 뜨고 바치는 것이 아니라, 완전한 어둠 속에서 눈을 감고 바친다. 아토스 산 영성 지도자 실루아노스(Starets Silouan of Mount Athos : 1866-1938)는 이 기도를 바칠 때면 째깍거리는 소리가 들리지 않도록 시계는 찬

---

14) 맨발의 가르멜회 회원. 부활의 라우렌시오 수사(1611-91). 「하느님 현존의 실천」. ed. D. Attwater(Paraclete Books, London, 1962). PP. 13-16

장 속에다 집어넣고 두꺼운 양모로 된 수도자용 모자를 눌러써서 귀와 눈을 덮었다.[15]

그러나 어둠은 졸음을 유발할 수도 있다. 앉거나 무릎을 꿇고 이 기도를 읊조리다가 졸음이 오면 일단 일어서서 기도 한 번에 십자성호 한 번을 긋고 이어서 허리를 크게 굽혀 오른손 손가락들이 마루 바닥에 닿도록 한다. 앉아서 이 기도를 바칠 때에는 의자가 너무 푹신하지 않은지 확인해 둔다. 의자는 되도록 팔걸이나 등받이가 없는 것이 좋다. 이 기도는 일어서서 팔을 십자형으로 벌리고 바쳐도 된다.

기도 매듭($Κομποσχοίνι$)[16]은 보통 매듭이 백 개 있는 것을 사용하는 경우가 많은데, 그 목적은 기도의 횟수를 셈하기 위해서가 아니라 주로 정신을 집중시키고 규칙적인 리듬을 유지하는 데 도움을 얻기 위한 것이다. 기도 매듭을 이용하거나 여타의 방법을 통해서 기도의 횟수를 계산한다는 것은 바람직하지 못하다. 「순례자의 길」 앞 부분에서 영성 지도자가 날마다 이 기도를 바치는 횟수를 크게 강조하고 있는 것은 사실이다. 여기에는 3,000번에서 점차 6,000번으로 늘리고 다시 12,000번으로 늘리도록 이야기되어 있다. 순례자는 이 횟수를 더도 덜도 말고 정확하게 지키라는 명령을 듣는다. 횟수에 대한 이 같은 관심은 매우 특별한 것이다. 여기에서 이야기하는 바는 단순한 기도 횟수가 아니라 순례자

---

15) 소프로니 수도원장. 「왜곡되지 않는 심상(心象) : 영성 지도자 실루아노스」 (London, 1985), PP. 40-41.
16) * 역자주 예수 기도를 드릴 때 사용되는 것으로서 천주교의 묵주와는 달리 구슬로 되어 있지 않고 매듭을 엮어서 만든 것.

의 내적 자세인 것이다. 영성 지도자는 지적인 규칙을 어김없이 지키려는 순례자의 마음가짐과 복종심을 시험하고자 하고 있다. 비교적 전형적인 충고를 해주고 있는 사람이 테오판 주교이다. "바치는 기도의 횟수에 마음을 쓰지 말라. 그대가 오로지 관심을 가져야 할 것은 기도가 마음 속에서 살아있는 샘물처럼 쾅쾅 쏟아져 나오도록 하는 것이다. 횟수에 대한 생각은 그대의 마음에서 완전히 지워버리도록 하라."[17]

이 기도는 집단으로 바치는 경우도 있지만, 혼자서 바치는 것이 훨씬 일반적이다. 목소리는 아주 커도 되고 들릴 듯 말 듯해도 된다. 정교회 방식으로는 큰 소리로 바칠 경우 노래로 하기보다는 그냥 낭송한다. 낭송에 힘이나 노력이 들어가서는 안 된다. 과도한 강조나 내적 흥분이 가미되지 않도록 해야 한다. 다만 기도는 그 나름의 억양과 리듬이 있어야 한다. 그래서 때가 되면 기도 자체의 고유한 멜로디 덕분에 우리 내부에서 '노래로' 흘러나올 수 있게 된다. 영성 지도자 키에프의 파르페니이는 기도의 흐름이 조용히 속삭이며 흐르는 냇물처럼 될 수 있도록 하기를 좋아했다.[18]

이 모든 사실에서 우리는 '이름에 호소하는 기도'가 사시사철 어느 때고 바칠 수 있는 기도임을 알게 된다. 이 기도는 누구나, 어디서나, 언제나 바칠 수 있는 것이다. 이 기도는 '초심자'에게나 비교적 경험이 많은 사람에게나 모두 맞는다. 이 기도는 다른 사람과 함께 바칠 수 있는가 하면 혼자서도 바칠 수 있다. 이 기도

---

17) E. Behr-Sigel, 'La Prière à Jesus ou le mystère de la Spiritualité orthodoxe', 「Dieu Vivant」 8(1947), P. 81.
18) 「기도법」 P. 110.

는 사막에서나 도시에서나, 그러니까 고요하여 정신 집중이 가능한 환경에서나 더없이 소란하고 시끄러운 곳에서나 두루 적합하다. 결코 장소가 문제될 수 없는 것이 이 기도이다.

복합성

신학적으로 볼 때 그 러시아 순례자가 올바로 천명했듯이 '예수 기도'는 "그 속에 복음의 진리 전체를 담고 있다." 이 기도는 "복음서들의 요약"[19]이다. 이것은 간결한 한 문장을 통해 그리스도교 신앙의 중요한 두 신비, 즉 육화(肉化)와 성삼위의 신비를 구체적으로 표현한다. 우선 이것은 신인(神人 : Theanthropos)이신 그리스도의 두 가지 본성을 이야기한다. 그분이 베들레헴에서 태어나신 후 어머니 마리아로부터 부여받았던 "예수"라는 이름으로 불리고 계시기 때문에, 그분의 인성(人性)이 이야기되고 있다. 또한 그분은 "주"이자 "하느님의 아들"로 불리고 계시기 때문에 그분의 영원하신 신성(神性)이 이야기되고 있다. 둘째로 이 기도는 비록 뚜렷하게 지적되어 있지는 않지만 그 의미상 성삼위의 세 위격을 이야기하고 있다. 두 번째 위격이신 예수께 바쳐지는 이 기도가 예수를 "하느님의 아들"이라고 부르는 까닭에 성부도 지칭하고 있는 셈이다. 또한 "성령의 인도를 받지 않고는 아무도 '예수는 주님이시다.' 하고 고백할 수 없기"(Ⅱ고린토 12,24) 때문에, 이 기도에

[19) 「순례자의 길」, tr. R. M. French(London, 1954), P. 29.

는 성령도 포함되고 있는 것이 된다. 따라서 '예수 기도'는 그리스도 중심적인 것이면서 동시에 삼위일체적인 것이다.

신심 면에서 보아도 그에 못지않게 포괄적인 것이다. 이것은 그리스도교 신심의 두 가지 핵심 "요소들"을 갖추고 있다. 하느님의 영광을 우러러 보고 사랑으로 그분께 다가가는 흠숭의 요소와 보잘것없음과 죄에 대한 의식인 참회의 요소가 그것이다. 이 기도에는 주기적인 움직임 즉 상승과 회귀의 주기적 곡선이 존재한다. 기도의 전반부는 하느님을 향한 오름이다. "주 예수 그리스도, 하느님의 아들이시여" 그리고 후반부는 책 속의 자기 자신으로 되돌아오는 회귀가 된다. "죄인인 나에게 자비를 베푸소서.(죄인인 나를 불쌍히 여기소서.)" 마카리우스 강론집에 이런 말이 나온다. "성령의 이 은총의 선물을 맛본 사람들은 동시에 두 가지 것을 의식하게 된다. 기쁨과 위로가 그 하나요, 떨림과 두려움과 탄식이 다른 하나이다."[20] '예수 기도'에는 이 같은 내적 변증 관계가 존재한다.

이 두 가지 요소들-하느님의 영광을 바라보는 시각(視覺)과 인간의 죄에 대한 인식(認識)-은 우리가 "자비"라는 말로 표현하는 세 번째 요소 안에서 합일되고 화합된다. "자비"란 곧 하느님의 의로우심과 타락한 피조물 사이에 놓인 거대한 계곡이 메워지는 연결을 의미한다. 하느님께 "자비를 베푸소서."라고 말하는 자는 자신의 무력함을 애통해 하면서도 한편으로는 희망의 외침을 발하고 있는 것이다. 그는 죄만이 아니라 죄의 극복도 이야기하고

---

[20] 마카리우스1 시메온, 강론B25(D mes) in MS. Vatic. gr.694. f. 149r.

있다. 그는 황송하옵게도 하느님이 죄인인 우리를 받아주시면서 아울러 우리가 받아들여졌다는 사실을 받아들이도록 요구하신다는 점을 확인하고 있는 것이다. 따라서 '예수 기도'에는 비단 참회를 촉구하는 부르심뿐 아니라 용서와 구원에 대한 확신도 깃들어 있다. 이 기도의 중심 실제 이름 "예수"에는 뚜렷한 구원의 의미가 담겨 있다. "그 이름을 예수라 하여라. 예수는 자기 백성을 죄에서 구원할 것이다."(마태오 1,21) '예수 기도'에는 죄에 대한 슬픔이 깃들어 있으나, 그 슬픔은 절망적인 것이 아니라 성 요한 끌리마꾸스(+c. 649)의 말대로 "기쁨을 낳는 슬픔"이다.

이상은 신학 내지는 신심의 양면에서 '예수 기도'에 내재하는 풍부한 의미 가운데 일부이다. 뿐만 아니라 이런 의미들은 그저 추상적으로가 아니라 생생하고 역동적인 형태로 내재하고 있다. '예수 기도'의 탁월한 가치는 그것이 이들 진리를 생명력 있게 만듦으로써 비단 외적으로나 이론적으로만 이해하게 하는 것이 아니라 우리 존재를 온전히 이해하게 한다는 사실에 있다. 우리는 '예수 기도'가 그 같은 효험을 지닌 까닭을 파악하려면 다른 두 가지 부면들 즉 '이름'의 능력과 반복 훈련에 대해서 알지 않으면 안 된다.

'이름'의 능력

"하느님의 아들의 이름은 거대하고 무한하여 온 우주를 두루 덮는다."「헤르마스의 목자」[21]에 명시된 이 말도 이 말이지만 우리는 '예수 기도'가 정교회 영성에서 차지하는 역할을 제대로 평가하려면 이 거룩한 이름의 고유한 힘과 효험을 어느 정도 감지할 수 있어야 한다. '예수 기도'가 여타의 탄원들보다 더 효력이 있다면, 거기에는 '하느님의 이름'이 들어있기 때문이다.

다른 고대 문화들의 경우와 마찬가지로 구약에 있어서도 사람의 혼(魂)과 그의 이름은 실질적으로 동일시되었다.[22] 그 사람의 이름은 그의 모든 인격과 온갖 습관과 일체의 활력을 망라하는 것이었다. 어떤 사람의 이름을 안다는 것은 곧 그의 본질에 대한 명확한 통찰력을 갖는 것이요, 따라서 그와 확인된 관계를-어쩌면 그를 통제할 힘까지도-갖는다는 것이 된다. 이런 이유에서 야곱과 야뽁 나루에서 씨름을 했던 신비로운 사자(使者)는 자기 이름을 밝히기를 거절하고 있다.(창세기 32,29) 이 같은 심성(心性)은 천사가

---
21) 「비교」 9장. 14.
22) 참조 J. Pederson의 「이스라엘」 I 권(London / Copenhagen 1926).

마노아에게 "어디라고 내 이름을 묻느냐?"하며 자기 이름은 비밀이라고 잘라 말했던 대꾸에도 반영되고 있다.(판관기 13,18) 이름을 바꾸는 것은 그 사람의 삶에 결정적인 변화가 일어났음을 지적하는 것이다. 아브람이 아브라함으로 바뀌고(창세기 17,5) 야곱이 이스라엘로 바뀌는(창세기 32,28) 경우가 그렇다. 사울이 회개한 연후에 바울로로 이름이 바뀐 것도 이와 같은 맥락으로 볼 수 있으며,(사도행전 13,9) 수도자가 서원한 다음에 보통 자기가 선택하지 않는 어떤 새 이름이 부여되는 것 역시 그가 겪고 있는 급진적인 쇄신을 가리키는 것이다.

히브리 전통에 있어서, 다른 사람의 이름으로 어떤 일을 하거나 그의 이름을 부르거나 거기에 호소하는 것은 더 없는 비중과 힘을 갖는 행위가 된다. 어떤 사람의 이름을 부르는 것은 곧 그 사람을 그 자리에 불러내는 것이 된다. "사람은 이름을 언급함으로써 그 이름에 생명력을 불어 넣는다. 그러면 그 이름은 곧바로 이름이 지칭하고 있는 그 영혼을 불러낸다. 이처럼 어떤 이름을 호칭하는 데는 아주 깊은 의미가 담겨 있는 것이다."[23]

인간의 이름들에 해당되는 일체의 사실들은 하느님의 이름에도 해당되되, 그 차원은 훨씬 더 고차원적이다. 하느님의 이름에는 그분의 능력과 영광이 내재하고 작용한다. '하느님의 이름'은 현존하시는 하느님이요, 우리와 함께 계시는 하느님 즉 임마누엘이시다. 조심스럽게 그리고 신중하게 하느님의 이름을 부르는 것은 곧 자기를 하느님의 현존(現存) 안에 밀어넣는 일이요, 자기를 열

---

23) 같은 책, P. 256.

어 하느님의 활력이 스며들도록 하는 것이며, 자기를 하나의 도구요 살아있는 희생제물로 하느님 손에 바치는 것이다. 후기 유대교에서는 거룩하신 이름에 대한 위엄을 깊이 의식한 나머지 하느님을 나타내는 네 글자 YHWH(Yahwe) 또는 JHVH(Jehovah)는 회당에서 예배드릴 때 큰 소리로 말을 하지 못하도록 되어있었다. 지극히 높으신 분의 이름은 너무나 무서워서 감히 입 밖에 낼 수 없는 것으로 생각했던 것이다.[24]

'이름'에 대한 이 같은 히브리인들의 의식은 구약을 거쳐 신약으로 연결된다. '예수 이름'으로 악령들이 쫓겨나고 사람들이 치유되는데, 그 까닭은 그분의 이름이 능력을 지니고 있기 때문이다. 이 '이름'의 능력이 일단 제대로 평가되기만 하면, 우리에게 낯익은 많은 성서 구절들이 보다 완전한 의미와 힘을 표출하게 된다. 주의 기도에 들어 있는 말씀 "아버지의 이름이 거룩히 빛나시며," 그리스도께서 최후의 만찬 때 하신 약속, "너희가 내 이름으로 아버지께 구하는 것이면 아버지께서 무엇이든지 주실 것이다."(요한 16,23) 사도들에게 하신 그분의 최후 명령, "그러므로 너희는 가서 이 세상 모든 사람들을 내 제자로 삼아 아버지와 아들과 성령의 이름으로 그들에게 세례를 베풀라."(마태오 28,19) 구원은 오직 "나자렛 예수 그리스도의 이름" 안에만 있다고 한 베드로의 선언(사도행전 4,10-12), "모든 것이 예수의 이름을 받들어 무릎

---

24) 중세 유대교 신비주의자들의 '이름'에 대한 공경 자세를 알려면 Gershom G. Scholem 의 「유대교 신비주의의 주요 발자취」(제3판, London, 1955). PP. 132-3을 보라. 그리고 이 주제에 관한 논문을 찰스 윌리암의 유명한 소설 「모든 성인들의 전야」(London, 1945) 와 견주어 비교해 보라.

을 꿇게" 되었다는 성 바울로의 말(필립비 2,10), '도래할 새 시대'에 우리에게 수여될 흰 돌 위에 새겨진 새로운 비밀 이름(묵시록 2,17)들이 그렇다.

'이름'과 관련된 이 같은 성서 구절들이 바로 '예수 기도'의 토대요, 기반을 이루고 있다. 하느님의 이름은 본질적으로 그분의 위격(位格)과 결부되어 있으며, 따라서 이 거룩하신 이름의 호명은 그분의 눈에 보이지 않는 현존과 역사(役事)를 드러내 보이는 표지 구실을 하며, 진정한 성사적 성격을 띤다. 예수의 이름은 사도 시대와 마찬가지로 오늘날의 그리스도인들에게도 힘이 된다. 가자의 두 원로인 성 바르사누피우스와 성 요한(6세기)은 "하느님의 이름을 기억할 때 모든 악은 철저히 분쇄된다."[25]고 했다. 성 요한 끌리마꾸스는 이렇게 촉구하고 있다. "예수의 이름으로 그대의 적들을 쳐부수라. 하늘과 땅에서 그보다 더 강력한 무기는 없기 때문이다.… 한 번 숨을 쉴 때마다 예수를 기억하라. 그러면 영적인 가치를 터득하게 될 것이다.[26]

'이름'은 곧 힘이지만, 순전히 기계적인 반복으로는 이루어지는 것이 전혀 없게 된다. '예수 기도'는 결코 마술적인 부적이 아니다. 모든 성사적 작용의 경우와 마찬가지로, 사람은 자신의 능동적인 신앙과 고행적 노력을 통해서 하느님과 협력하지 않으면 안 된다. 우리는 정신 집중과 내적 자각의 상태에서 '이름'을 부르되 기도의 말씀들에다 마음을 쏟고 그러면서 우리의 기도를 든

---

25) 「문답」, ed. Sotirios Schoinas(Volos, 1960), 693 : tr. I., Regnault and P. Lemaire(Solesmes, 1972), 692.
26) 「사다리」, 21장과 27장(PG 88, 945 C와 1112C).

고 우리 마음 속에서 거기에 응답해 주시는 분이 어떤 분인지를 의식하도록 해야 한다. 이토록 강렬한 기도는 초기 단계에서는 결코 쉽지 않으며, 그러기에 교부들은 이를 가리켜 눈에 보이지 않는 순교자라고 했다. 시나이의 성 그레고리오스는 '이름의 길'(The Way of the Name)을 따르는 이들의 "자제와 노력"에 관해 거듭해서 이야기하고 있다. "지속적인 노력"이 있어야 한다. 사람들은 "내심의 정신적 호소에서 오는 끈덕진 고통 때문에" 포기하고 싶은 유혹을 느끼게 될 것이다. 그는 이렇게 충고한다. "그대들은 어깨에 통증을 느낄 것이며, 머리가 아플 때도 많을 것이다. 그래도 끈질기게 견디며 그대의 마음 속에서 주님을 바라고 찾도록 하라."[27] 우리는 이런 끈기 있는 충실을 통해서만 비로소 '이름'의 참된 힘을 발견하게 된다.

이처럼 성실한 인내는 무엇보다도 우선 우리로 하여금 주의력 있게 그리고 자주 이 기도를 반복할 수 있게 해준다. 그리스도는 당신 제자들에게 "빈 말을 되풀이하지 말아라."(마태오 6,7)고 말씀하셨다. 그러나 내적 성실과 집중력을 가지고 '예수 기도'를 되풀이하는 것은 절대로 "빈 말"이 아니다. '이름'을 거듭해서 부르는 것은 이중 효과를 가져다준다. 우리는 이로써 보다 단일화된 마음으로 기도를 바치게 되고, 또한 더욱 내적인 기도를 바치게 된다.

---

[27] Kallistos Ware, '시나이 성 그레고리오스의 예수 기도', art. cit. PP. 14-15.

단일화(單一化)

 우리가 마음을 다해 진실로 기도를 바치려고 진지하게 노력하다 보면 그 즉시 우리의 내적 분열 및 일치와 통합의 결여를 절실히 실감하게 된다. 우리가 하느님 앞에 서 있으려고 온갖 노력을 다하지만, 우리의 생각은 마치 바쁘게 돌아다니는 파리들이나(테오판 주교) 이 나뭇가지에서 저 나뭇가지로 변덕스럽게 뛰어다니는 원숭이처럼(라마크리쉬나) 머리 속에서 쉴 새 없이 이리저리 방황을 계속한다.

 관상(觀想)한다는 것은 사람이 있는 자리-지금 바로 이곳-에 있다는 것을 뜻한다. 그러나 우리는 보통 시간과 공간 속을 제멋대로 왔다 갔다 하는 우리의 마음을 붙잡아 두지 못하고 만다. 우리는 과거를 회상하고, 미래를 내다보며, 다음의 할 일을 계획한다. 인물들과 장소들이 끊일 새 없이 우리 앞을 스쳐간다. 우리는 우리가 있어야 할 한 자리-바로 이곳, 하느님의 현존 안-에 가만히 앉아 있을 힘이 부족하다. 우리는 진실로 존재하는 유일한 순간-지금, 이 순간-을 온전히 살 능력이 없다. 이러한 내적 분열은 가장 비극적인 '타락'의 결과 중의 하나이다. 업적을 이룩한 사람들을 잘 살펴보면 한 번에 한 가지 일을 하는 사람들이다. 한 번에 한 가지를 한다는 것은 결코 작은 일이 아니다. 이처럼 외적인 일도 무척이나 어렵지만, 내적 기도의 일은 그보다 훨씬 더 어렵다.

그러면 우리가 해야 할 일은 무엇인가? 우리는 어떻게 해야 현재를, 이 영원한 '지금'을 사는 법을 터득할 수 있을 것인가? 우리는 어떻게 해야 이 「Kairos」, 이 결정적인 순간, 이 좋은 기회의 순간을 포착할 수 있겠는가? 이 같은 문제들에 도움을 줄 수 있는 것이 바로 '예수 기도'이다. '이름'을 거듭해서 부름으로써, 우리는 하느님의 은총을 통해 분열에서 통일로, 분산과 혼잡에서 단일화로 향하게 된다. 테오판 주교는 말한다. "생각이 끊임없이 뛰놀도록 놓아두지 말라. 그대의 정신을 한 생각, 아니면 오직 '한 분이신 이'에 대한 생각에 붙들어 매두어라."[28]

수덕을 쌓은 교부들은, 특히 바르사누피우스와 요한은 생각들과 싸우는 방법을 두 가지로 구분하고 있다. 첫 번째 방법은 "강한" 이들 또는 "완벽한" 이들을 위한 것이다. 이 사람들은 자기의 생각들을 그것들과 맞서서 싸워 이길 수가 있다. 그러나 이 방법은 우리들 대다수에게는 너무 어려울 뿐 아니라 실제로는 해를 끼칠 수도 있다. 직접 대적하여 의지의 노력으로 생각들을 뿌리 뽑고 퇴치하려는 것은 오히려 상상력을 더욱 더 부채질하는 결과만 초래하는 경우가 많다. 우리의 백일몽은 거칠게 억누르면 더 큰 힘을 가지고 되돌아오는 경향이 있다. 사실 우리가 우리 생각과 직접 맞붙어 싸우면서 의지의 노력으로 그것들을 제거하려고 노

---

28 「기도법」 P. 97.

력하는 것보다 우리의 관심을 다른 데로 돌려 거기에 고정하는 편이 훨씬 현명하다. 우리는 광란하는 상상력을 내려다보면서 우리의 생각들에 대적하는 데 정신을 쏟기보다 주 예수를 올려다보고 그분의 이름을 부르면서 우리를 그분 손에 맡겨야 한다. 그러면 그분의 말씀을 통해서 역사하는 그 은총이 우리의 힘으로는 지울 수 없는 그 생각들을 제거해 줄 것이다. 우리의 영적 전략은 소극적이 되어서는 안 되고 적극적이 되어야 한다. 우리는 악한 것들을 마음 속에서 몰아내려고 할 것이 아니라 선한 것들로 우리 마음 속을 채워야 한다. 바르사누피우스와 요한은 당부한다. "그대의 적들이 밀어넣는 생각들에 대적하려고 하지 말라. 바로 그것이 그들이 노리는 것이며, 그들은 결코 그대를 괴롭히는 일을 중단하지 않을 것이다. 그보다는 주님 앞에 그대의 무기력함을 봉헌하고 적들을 막아주시도록 그분의 도움을 구하라. 그분은 그들을 몰아내고 완전히 제거해 버릴 능력을 지니셨다."[29]

'예수 기도'는 시선을 돌리고 다른 곳을 바라보는 한 방법이다. 기도 중에 영상과 생각들이 떠오르는 것은 불가피한 일이다. 우리는 그것들의 파도를 우리 의지의 노력만으로 정지시킬 수는 없다. "생각하지 말라."고 스스로를 타이른다 해도 아무 소용이 없으며, 설령 있다고 해도 별 도움이 되지 않는다. 그것은 마치 우리가 "호흡을 멈춰라." 하는 것이나 다를 바 없다. 수도자 성 마르코는 "이성적인 사고 작용은 결코 가만히 멈추어 있지 못한다."[30]고 말

---

29) 「문답」 ed. Schoinas, 91 : tr. Regnault and Lemaire, 166.
30) 「참회에 대하여」 11(PG65, 981B).

하고 있다. 해질녘에 새들이 지저귀듯이, 생각은 정신을 끊임없는 지껄임으로 채우는 것이다. 우리가 이런 소곤거림들을 단숨에 중단시킬 수는 없다. 우리가 할 수 있는 일은 끊임없이 움직이는 우리의 마음을 "한 생각이나 아니면 오직 '유일하신 분' 예수의 이름에 대한 생각"에 붙잡아 맴으로써 거기에서 벗어나는 것이다. 성 디아도쿠스(5세기)는 말한다. "우리가 하느님에 대한 생각으로 사고 작용의 출구들을 모두 봉쇄해 버렸을 경우, 우리는 움직이지 않으면 안 되는 정신의 요구를 다른 일로 충족시켜 주지 않으면 안 된다. 이럴 때 우리는 주 예수를 부르는 일을 마땅히 할 일로 정신에게 제공해 주도록 할 것이다.…"[31] 시나이의 필로테오스(9-10세기?)는 말한다. "예수 그리스도를 생각함으로써 널리 흩어져 있는 그대의 분산된 정신을 모아들이도록 하라."[32] 생각의 흐름을 우리 자신의 힘으로 중단시키려고 노력하기보다, 우리는 '이름'을 통해서 역사되는 힘에 의지해야 한다.

폰뚜스의 에바그리우스(+399)에 따르면, "기도는 곧 생각들에서 벗어나는 것이다."[33] 벗어나는 것, 이것은 무모한 투쟁이나 맹렬한 억제가 아닌 온유하면서도 끈기 있는 이탈인 것이다. 우리는 '이름'을 되풀이하여 부름으로써 우리의 분심이나 유해한 생각들에서 "벗어나거나" 아니면 그것들을 "비켜가고", 그리하여 그것들을 예수의 생각으로 대체하는 데 도움을 얻는다. '예수 기도'를

---

31) 「지식과 분별에 관한 작품 백선」 59(ed. E. des Places, Sources Chrétiennes, 5 bis(Paris, 1955), P. 119)
32) 「총론」(Philokalias, Vol. ii(Athens, 1958), P. 283)
33) 「기도에 관하여」 70(PG 79, 1181C)

바칠 때 상상력과 종잡을 수 없는 사추작용이 더없이 철저하게 억제되지는 않는다고 하더라도, 그렇다고 해서 그것들이 적극적으로 촉진되는 일은 결코 없다. '예수 기도'는 그리스도의 삶에 나타난 특수한 사건, 복음에 기록된 어떤 말씀 또는 비유를 묵상하는 묵상 형식이 아니다. 그리고 그리스도께서 하느님과 본질이 같다는 일체론(一體論 : homoousios)의 의미나 칼케돈 정의(Chalcedonian Definition) 같은 신학적 진리를 추론하고 그에 관해서 마음 속으로 논쟁을 벌이는 그런 것은 더더욱 아니다. 이 점과 관련해서 '예수 기도'는 반종교개혁(이냐시오 로욜라, 프란체스코 살레시오, 알폰소 리구오리 등) 이후 서구에서 유행한 광범위한 묵상 방식들과는 크게 구별된다.

우리가 '이름을 부를 때, 우리는 일부러 마음 속에 어떤 구세주 상을 그리려고 노력해서는 안 된다. 그런 이유 때문에 우리는 성화 앞에서 눈을 크게 뜨고 이 기도를 바치지 않고 어둠 속에서 바치고 있는 것이다. 시나이의 성 그레고리오스는 이렇게 당부한다. "색과 형상과 표상들을 마음에 담아 두는 일이 없도록 하라." 기도에서 환상(Phantasia)을 경계하라. 그렇지 않으면 그대는 결국 '환상의 경지'(Phantastes)에 머물 뿐 '관상의 경지'(hesychastes)에는 이르지 못하게 된다.[34] 성 닐 소르스키이(St. Nil Sorskii : +1508)는 말한다. "환각(Prelest)에 빠지지 않고 내적 기도를 바치려면, 어떤 관념이나 표상이나 영상들을 지니지 않도록 하라."[35] 테오판 주교

---

34) 「관상가의 기도 정진법」 7(PG150 134D)
35) 「기도법」 P. 101.

역시 이렇게 말하고 있다. "'예수 기도'를 바칠 때는 마음과 주님 사이의 중간 영상이 개입되지 않도록 하라. … 본질적인 핵심은 하느님 안에서 거처하는 그것이며 이처럼 하느님 면전에서 거닌다는 것은 곧 그대가 하느님께서 모든 것들 안에서 현존하시듯이 그대 안에 현존하고 계시다는 의식(意識) 속에서 확신을 가지고 산다는 것을 뜻한다. 즉 하느님께서 그대 안에 존재하는 일체의 것들을 알고 계시며, 그대 자신보다도 그분이 그대를 더 잘 알고 계신다는 확고한 신념 속에 그대가 살고 있음을 의미한다. 이처럼 그대의 내적 존재를 응시하시는 하느님의 눈에 대한 의식에 여타의 시각적인 관념이 결부되어서는 안 되며, 오직 단순한 신념이나 느낌만이 함께 해야 한다."[36] 우리가 이런 방식으로 '이름'을 부를 때 어떤 구세주상(救世主像)을 그리지 않고 다만 그분의 현존을 느끼기만 할 때 우리는 통합하고 결합하는 '예수 기도'의 힘을 온전히 체험하게 될 것이다.

---

36) 「기도법」P. 100.

내면화(內面化)

'이름'을 반복해서 부르는 일은 기도를 보다 단일화 된 것으로 만들고, 그와 동시에 기도를 한결 내면적으로, 보다 내밀한 자아의 일부로-그러니까 단순히 특정한 순간들에 행하는 무엇이 아닌 항상 있는 그대로의 우리의 일부로, 다시 말해서 간헐적인 행위가 아닌 지속적인 상태로-만들어 준다. 이런 기도는 실로 전인격(全人格)의 기도가 되며, 이로써 기도의 말과 의미는 기도하는 인간과 혼연일체를 이룬다. 바울로 에브도키모프(Paul Evdokimov : 1901-1970)는 이 점을 다음과 같이 명쾌하게 설명한다. 카타콤바에서 흔히 볼 수 있는 것이 기도하는 여자의 모습(Orans)이다. 이는 인간 영혼의 참된 자세를 표현해 주는 것이다. 기도를 갖는 것만으로는 충분치 못하다. 우리는 기도-육신을 지닌 기도-가 되어야 한다. 찬미의 순간들을 마련하는 것만으로는 충분치 못하다. 우리의 삶 전체가, 미소까지도 포함한 우리의 모든 행위와 몸짓이 예배의 찬가요, 제물이요, 기도가 되어야 한다. 우리는 우리가 가진

---

37) Sacrement de l'amour. Le mystère conjugal à la lumière de la tradition orthodoxe(Paris, 1962), P. 83

것이 아닌 있는 그대로의 우리를 바쳐야 한다."[37] 세상이 무엇보다도 필요로 하는 것은 바로 이것이다. 세상은 다소를 불문하고 정기적으로 기도를 수행하는 사람보다도 기도로 화한 사람을 필요로 하고 있다.

여기에서 에브도키모프가 기술하고 있는 기도는 좀 더 정확히 말해서 "마음의 기도"로 규정할 수 있다. 여타 전승들의 경우와 마찬가지로 정교회에서도 기도는 보편적으로 세 가지 범주, 즉 외워서 드리는 기도(암송 기도)와 심장으로 드리는 기도(심장에서 이루어지는 마음의 기도)로 구분된다. 이러한 부분은 기도의 발전 단계에 따른 것이라기보다는 내화된 그 깊이의 수준에 따른 것이다. '이름에 호소하는 기도' 역시 다른 기도들과 마찬가지로 의도적인 의지의 노력에 따라 혀로 발음하는 구두 기도에서 출발된다. 이때 혀로 발음하는 기도의 의미에다 정신을 집중시키는 또 하나의 의지적 노력이 동시에 이루어진다.

이 기도는 시간이 흐르고 하느님의 도우심이 뒤따름으로 해서 점차 내화(內化) 된다. 정신 작용이 더욱 강렬해지고 자연스러워지며, 입으로 발음하는 소리가 차지하는 비중은 점차 줄어든다. 그러다 소리가 완전히 사라지게 된다. 그리하여 입술이 움직이지 않는 상태에서 오직 정신만이 말없이 '이름'을 부르게 된다. 이렇게 해서 기도는 하느님의 은총에 힘입어 다음 차원으로 넘어가게 된다. 물론 그렇다고 해서 목소리가 완전히 필요 없게 되는 것은 아니다. 내적 기도의 면에서 대단하게 "발전된" 이들마저도 주 예수를 큰 소리로 부르고 싶을 때가 있는 법이다.(그렇지만 실로 자기를 보고 "발전했다"고 말할 수 있는 사람이 어디 있겠는가? 우리는 성령의 일들에 있어서는 모두가 다 "초심자"인 것이다.)

그렇다고 해서 내면화(內面化)를 향한 여정이 여기에서 끝나는 것은 아니다. 인간은 비단 의식력을 지닌 정신으로만 이루어져 있지 않다. 인간은 뇌와 사유기능들 이외에도 내밀한 본능적 인격층(人格層)들을 비롯하여 감정과 기호, 미적(美的) 감수성 등을 지니고 있다. 이 모든 것들은 기도에서 저마다 제 기능을 수행하게 된다. 왜냐하면 완전한 예배 행위에 참여토록 부름 받고 있는 것은 전인(全人)으로서의 인간이기 때문이다. 기도 행위는 흡묵지에 떨어진 잉크 마냥 의식하고 사유하는 뇌중추로부터 시작되어 점차 확산하여 마침내는 우리 자신의 모든 부분들을 두루 덮게 되지 않으면 안 된다.

좀 더 기술적인 표현을 빌리자면 이것은 곧 우리가 둘째 차원에서 셋째 차원으로, 그러니까 "암송 기도"에서 심장 안에서 이루어지는 "마음의 기도"로 발전하도록 부름 받고 있음을 뜻한다. 여기에서 심장이란 현대적 의미보다도 셈족에게서 나오는 의미 및 성서적 의미로, 그러니까 단순히 감정과 기호가 아닌 전인으로서의 인간 존재에 가장 소중한 기관이요, 더없이 은밀한 지체이며 "희생되거나 죽지 않고서는 결코 손이 미칠 수 없는 가장 깊고 참된 자아(自我)"이다.[38] 비쉐슬라우치프(B. Vysheslavtsev)에 따르면 그것은 "의식(意識)뿐 아니라 무의식(無意識), 혼(魂)뿐 아니라 영(靈), 정

---

38) Richard Kehoe, op. '하느님의 말씀인 성서' 1. 「동방교회 평론」8호(1947), '전능과 성서' 보완 자료, P.78

신(精神)뿐 아니라 육체(肉體), 이해 가능한 것뿐 아니라 이해 불가능한 것 모두의 중추이다. 한 마디로 그것은 절대적인 중추인 것이다."[39] 이상과 같이 해석되고 있는 심장은 육체 속의 기관보다 훨씬 더 중요한 것이다. 몸에서 심장이란 하느님의 모습에 따라 창조된 피조물 인간의 끝 없는 영적 잠재력들을 표현하는 외적 표상인 것이다.

내면을 향한 이 여정이 완결되고 참된 기도에 도달하자면, 바로 이 "절대적인 중추"로 파고 들어갈 필요가 있다. 정신에서 심장으로 하강해야 한다. 좀 더 정확하게 말하면 우리는 정신을 떠나 심장으로 하강하는 것이 아니라 정신과 더불어 심장 속으로 하강해야 하는 것이다. 우리의 목표는 "심장의 기도"가 아니라 "심장 안에서 이루어지는 마음의 기도"인 것이다. 그 이유는 이성(理性)을 포함한 온갖 인식 기능들은 하느님에게서 온 선물이요, 따라서 배척되어서는 안 되고 그분을 섬기는 데 활용되어야 하기 때문이다. 이 "정신과 마음의 통합"은 타락하고 분열된 인간 본성의 재결합이자 원래의 모습으로 되돌아가는 인간회복을 나타낸다. 마음의 기도는 낙원에로의 귀향이요, 타락의 반전(反轉)이며, 죄 이전의 상태(Status ante Peccatum)를 되찾는 회생(回生)이다. 이는 곧 이 기도가 종말론적 실재(終末論的 實在)요, '장차 올 시대'-이곳 현세에서는 결코 완전하게 실현될 수 없는 무엇-에 대한 약속이자 기대가 된다는 것을 의미한다.

---

39) 인용. John B. Dunlop의 1. 「영성 지도자 암브로시오 : 도스토옙스키의 영성 지도자 조씨마의 식물」(Belmont, Mass, 1972), P. 72.

그러나 비록 불완전하더라도 "마음의 기도"를 어느 정도 실현한 이들은 우리가 앞서 이야기한 이월(移越)-"분투노력하는" 기도에서 "저절로 작동하는" 기도로, 내가 드리는 기도에서 "스스로 이루어지는" 기도, 아니 그보다도 그리스도께서 내 안에서 드리시는 기도로 넘어가는 이월-을 이미 시작한 이들이다. 그 이유는 마음이 영적 생활에서 이중적인 의미를 지니고 있기 때문이다. 마음은 인간 존재의 중심이자 하느님과 인간이 만나는 지점이다.

마음은 있는 그대로의 자아를 파악하는 자기인식(自己認識)의 자리요, 동시에 인간이 자기 본질을 성삼위의 성전으로 이해하게 되고 또 표상(表象)이 "원형(原型)을 대면하는 자아초월(自我超越)의 자리이다. 따라서 인간은 자기 마음 안의 "내밀한 방"에서 자기 존재의 터전을 발견하고 또한 창조된 것과 '창조되지 않은 분' 사이의 신비로운 경계선을 넘게 되는 것이다. 「마카리우스 강론집」에는 이런 말이 나온다. "마음 속에는 끝을 헤아릴 수 없는 심연이 존재한다.… 그곳에는 하느님이 천사들과 더불어 존재하시며 빛과 생명이 들어 있고, 하느님 나라와 사도들, 천상의 도시들과 은총의 보고들이 내재한다. 거기에는 모든 것이 다 들어 있는 것이다."[40]

그러므로 마음의 기도가 가리키고 있는 자리는 "나의" 행위, "나의" 기도가 내 안에 계시는 '타자(他者)'의 지속적인 활동과 명확하게 합일되는 바로 그 지점이다. 마음의 기도는 이렇게 예수께

---

40) 「강론집」XV, 32and xliii, 7(ed. Dorries1 Klostermannl Kroeger1. (Berlin, 1964), PP. 146, 289)

바치는 기도가 아니라 예수 자신의 기도가 되는 것이다. "분투노력하는" 기도에서 "저절로 작동하는" 기도로 넘어가는 이 과정을 「순례자의 길」에는 "어느 날 아침 일찍이 기도가 나를 잠에서 깨웠다."[41]라는 놀라운 말로 묘사되어 있다. 이때부터 순례자는 "기도를 드리지" 않게 된다. 이제 기도가 자기 안에 계시는 하느님의 기도와 일체를 이룬 까닭에, 그가 잠들어 있을 때라도 기도가 "스스로 작동한다."는 사실을 그는 발견하게 된다.

「순례자의 길」의 독자들은 구두 기도에서 마음의 기도로 넘어가는 이 과장이 거의 기계적이고 자동적인 형태로 쉽사리 이루어진다는 인상을 받을 수도 있다. 여기에서 순례자는 스스로 작동하는 기도를 수주일 안에 실현하고 있는 것 같다. 그러나 우리가 알아두어야 할 것은 그의 체험이 유일무이한 것은 아닐지라도[42] 지극히 예외적인 것이라는 사실이다. 마음의 기도는 수덕을 향한 일평생의 노력 끝에 겨우 얻어지는 것이 일반적이다. 이것은 어떤 기교를 통해 필연적으로 얻어지는 것이 아니라 하느님이 원하실 때 부여하시는 그분의 선물이다. 시리아의 성 이사악(St. Issac the Syrian : 7세기)은 이러한 선물이 극히 드물게 밖에 주어지지 않는다는 사실을 강조하여 "기껏해야 1만 명 중에 한 사람 꼴"이나 진정

---

41) 「순례자의 길」P. 14.
42) 아토스 산 영성 지도자 실루아노스(1866-1938)는 '예수 기도'를 바치기 시작한 지 3주간이 채 못되어 그것이 마음 속으로 퍼져 들어가 끊일 줄 모르는 기도로 화하였다. 그의 전기작가인 소프로니 수도원장이 제대로 지적하고 있듯이 이는 "매우 드문 최고의 선물"이었다. 실루아노스 수도사도 얼마 지나지 않아 이것이 얼마나 드문 선물인지를 인식하고 있다. (「왜곡되지 않은 심상」P. 24) 이 문제를 좀 더 논하려면 칼리스토스 웨어의 '끊임없는 기도' : 동방 수도생활에 있어서 계속적인 기도의 이상(理想)", 「동방교회 평론」2호 (1969), PP. 259-261을 보라.

한 기도의 선물을 받게 된다고 말하고 있다. 거기다가 그는 이런 말까지 부연하다. "진정한 기도 이면에 깃든 신비 면에 있어서는, 하느님의 은총에 대한 그 지식을 접했던 사람은 한 세대에 한 사람이 있을까 말까 한다."[43]

그가 말한 1만 명 중의 한 사람이나 한 세대에 한 사람이란 우리의 마음을 대단히 착잡하게 만들지만, 그렇다고 해서 우리가 지나치게 낙담해서는 안 된다. 내면의 나라로 들어가는 길은 우리 모두에게 열려 있으며, 누구나 어떤 방식으로든 그 길을 따라 여행할 수 있게 되어 있다. 현대에는 아주 심원한 마음의 신비들을 온전히 체험하는 일은 드물지만, 영적 기도가 나타내는 바의 참모습을 겸허한 자세로, 간헐적으로 어렴풋이나마 접하게 되는 이들은 아주 많다.

---

43) 「니느웨의 이사악 신비주의 논고집」, A. J. Wensinck(Amsterdam, 1923) P. 113.

호흡 조절

그러면 이제 논쟁의 대상이 되고 있는 주제, 즉 기도에 있어서 신체의 역할에 관해 고찰해 보기로 한다. 이 문제와 관련해서 사람들은 흔히 비잔틴 관상가(觀相家)들의 가르침을 오해하는 경향이 있다.

앞서 이야기했던 대로 심장은 인간 존재의 주요한 기관이요, 정신과 물질의 수렴점(收斂点)이며, 인간의 육체 조직의 중심이자 동시에 심적 내지는 정신적 구조의 중추이기도 하다. 심장이 이처럼 이중적 측면을, 가시적인 측면과 비가시적인 측면을 지니고 있는 만큼 마음의 기도는 육체의 기도이자 동시에 영혼의 기도가 된다. 그러니까 이 기도는 육체가 포함될 때 비로소 진정한 전인(全人)의 기도가 되는 것이다. 성서적 관점에서 볼 때 인간은 정신과 육체의 총체(總體) 육체 속에 갇혀져 빠져나가려고 몸부림치는 영혼이 아니라, 이 둘이 불가분하게 결합되어 있는 합일체(合一體)-이다. 육체란 극복해야 할 장애물이나 무시해도 좋은 물질덩어리가 아니라 영적 생활의 적극적인 몫을 차지하고 또 기도에 필요한 에너지를 부여받고 있는 그 무엇이다.

이러한 사실이 보편적인 기도에 두루 적용된다고 할 때 그것은 '예수 기도'에 훨씬 특별하게 적용될 수밖에 없다. 왜냐하면 이 기도는 '육화 되신 하느님' 즉 '사람이 되신 말씀'에 호소하는 기도이기 때문이다. 그리스도께서는 육화(肉化)를 통하여 인간의 정신과 의지를 취하셨을 뿐 아니라 인간의 육체도 취하셨으며, 그로써 이 육체를 성화(聖化)의 무한한 샘으로 만드셨다. 그렇다면 신인(神人)께서 성령을 지니도록 만드신 이 육체가 어떻게 해서 '이름에 호소하는 기도'와 '심장에서 이루어지는 마음의 기도'에 참여할 수 있겠는가?

 이러한 참여를 돕고 또 정신 집중에 보탬을 주기 위해서 관상가들은 "신체 기법"을 도입하였다. 그들은 모든 정신 활동이 육체에 영향을 미친다고 보았다. 우리가 내적 상태에 따라서 더위나 추위를 느끼며, 스스로 호흡을 빨리 하거나 느리게 하면 맥박의 리듬도 빨라졌다 느려졌다 한다는 것이다. 그런가 하면 역으로 우리가 몸의 조건 여하에 따라 정신 활동 면에서 도움이나 피해를 입게 된다는 것이다. 그래서 우리가 신체의 작용을 어느 정도 통제하고 조절할 수 있게 되면, 그로써 기도할 때 내적 정신 집중이 강화될 수 있다는 것이다. 바로 이것이 관상가의 "비법"의 기본 원리이다. 그들의 신체 기법을 세부적으로 나누면 세 가지 주요 항목으로 대별된다.

 (1) 몸 자세 : 시나이의 성 그레고리오스는 대략 20cm 높이의 낮은 걸상에 앉도록 당부한다. 머리와 양 어깨를 아래로 구부리고 눈은 심장 부위를 응시하도록 하라고 한다. 이 자세가 한 동안은

몹시 불편하리라는 것은 그도 알고 있다. 일부 작가들의 경우는 좀 더 힘든 자세를 권하고 있는데, 그 자세는 가르멜 산에서 엘리야가 했던 대로 양 무릎 사이에다 얼굴을 파묻는 자세를 말한다.[44]

(2) 호흡 조절 : 호흡 속도를 늦추어 호흡과 기도의 리듬을 맞추도록 한다. 기도의 전반부인 "주 예수 그리스도, 하느님의 아들이시여"는 숨을 들이키면서 바치고 후반부 "이 죄인을 불쌍히 여기소서"는 숨을 내쉬면서 바친다. 여타의 방식들도 가능하다. 그러니까 기도를 심장의 고동에 맞추어 바칠 수도 있는 것이다.

(3) 내적 탐구 : 요가 지망생이 자기 육체의 특정 부분들에다 생각을 집중시키는 법을 배우듯이, 관상가는 심장 중심부에다 생각을 집중시킨다. 그는 코로 숨을 들이켜서 양 폐로 집어넣으면서 그 호흡과 더불어 정신을 "하강시켜" 마음(심장)의 자리를 내면에서 "탐색한다." 이 작업에 관한 지시 사항들은 잘못 이해될 우려가 크기 때문에 기록으로 남기지 않는 것이 상례이다. 이 작업의 세부 사항들은 무척이나 까다로워 반드시 경험 있는 스승의 개인 지도가 있어야 한다. 이 같은 지도 없이 초심자가 심장 중심부를 탐색하려고 들 경우 자기도 모르게 심장 바로 아래에 있는 부위-그러니까 복부와 내장-로 생각을 집중시킬 위험이 발생한다. 이 아래쪽 부위야말로 마음과 정신을 괴롭히는 육정적인 생각과 기분들의 근원이 되는 만큼 그렇게 되면 기도가 더 없이 해로운 영

---

44) "엘리야는 가르멜산 꼭대기에 올라가 무릎을 꿇고 얼굴을 양 무릎 사이에 묻었다."(열왕기 상 18,42) 11세기 그리스 필사본을 보면 이런 자세로 기도하는 수도자의 모습이 기술되어 있다. J. Meyendorff, 「St. Grégoire Palamas et la mystique orthodoxe」 (Paris, 1959), P. 92를 보라.

향을 입게 된다.[45]

그밖에도 호흡과 심장 고동 같은 본능적인 육체 활동들을 통제할 때 최대의 분별이 요구되는 명확한 이유들이 있다. 신체 기법이 잘못 사용되면 사람의 건강을 해치고 정신적 균형을 깨뜨릴 염려가 있다. 이 때문에 믿을 만한 스승이 꼭 있어야 하는 것이다. 만일 그 같은 영성 지도자를 모실 수 없는 경우라면, 초심자는 호흡이나 심장맥박 리듬에다 신경을 쓰지 않고 그저 '예수 기도'를 외워 바치기만 하는 편이 가장 바람직하다. 그러다보면 그가 의식적으로 노력하지 않더라도 호흡과 맥박이 기도의 리듬에 맞추어 자연스럽게 조절되는 경우가 많다. 혹시 그렇게 되지 못한다고 하더라도 최소한 불안의 소지는 생기지 않게 된다. 그래서 그는 정신 기도를 평온하게 계속할 수 있을 것이다.

신체 기법은 비록 사람들에 따라서는 확실히 도움을 얻는 이들도 있었으나 결코 모든 사람들이 반드시 실시해야 할 의무적인 것이 아닌, 보조적인 것에 지나지 않는다.

'예수 기도'는 신체적인 방법을 전혀 활용하지 않고서도 온전하게 바칠 수가 있다. 성 그레고리오스 팔라마스(St. Gregory Palamas : 1296-1359)는 신체 요법의 활용이 신학적으로 변호될 수 있다고 보면서도 그것을 주로 초심자들에게 맞는 이차적인 것으

---

45) 호흡 조절에 관한 다른 자료로는 Kallistos Ware의 '시나이 성 그레고리오스의 예수 기도', art, cit. P. 14, note 55n 있다. 인간 육체의 여러 가지 중추들과 그것들이 갖는 영적 의미들에 관해서는 Dr. Andre Bloom(현재는 수도 대주교 Antony of Surozh)의 「technigue et Contemplation」(Etudes Carmélitaines, no. 28 : Bruges), PP. 49-67에 실려 있는 'Contemplation et ascèse : Contribution orthodoxe'을 보라.
46) 「거룩한 관상가들을 옹호하는 성삼위」I. ii. 7(J. Meyendorff(Louvain), Vol.i, P. 97)

로 간주하였다.[46] 그는 관상기도에 통달한 여타의 스승들과 마찬가지로 외적인 호흡 조절보다는 내심에서 은밀하게 주 예수를 부르는 일을 본질적인 것으로 생각하였다.

지난 150년 동안 정교회 작가들은 보편적으로 신체 기법에 거의 중요성을 부여하지 않았다. 그 가운데서 이그나티 브리안카니노프(Ignatii Brianchaninov : 1807-67) 주교의 말은 전형적인 충고가 된다 하겠다.

> 본인은 우리의 사랑하는 형제들이, 저절로 이루어지는 것은 별문제이지만, 애써 이 기법을 터득하려고 노력하지 말아주기 당부한다. 이것을 경험을 통해 터득하려고 했던 많은 사람들이 폐만 버렸을 뿐 아무런 득도 얻지 못했다. 이 일의 본질은 기도 중에 정신이 마음과 합일되는 데 있으며, 그것은 때가 되면 하느님께서 정하시어 당신의 은총으로 이루어 주신다. 호흡법은 기도를 서두르지 않고 바치며, 기도가 한 번 끝날 때마다 약간의 간격을 갖고 또 정신을 기도의 말씀에도 집중시키면서 무리하지 않고 평온히 호흡을 해 나갈 때 온전히 이루어지는 것이다.[47]

이그나티 주교는 기도 속도에 관해서는 이렇게 말하고 있다.

---

47) 「투기장 현대 수도 생활에 부치는 제언」, 수도원장 라자루스 역(Madras, 1970), P. 84(번역 약간 수정)

'예수 기도'를 서두르지 않고 정성껏 백 번을 바치는 데 대략 30분이 걸린다. 그러나 수덕자(修德者)에 따라서는 시간이 좀 더 걸리기도 한다. 기도는 서둘러 바치거나 연이어 계속 바치지 말도록 하라. 기도 사이사이에 짤막한 간격을 주어서 정신이 집중될 수 있도록 하라. 간격을 두지 않고 계속해서 기도를 바치면 정신이 흐트러진다. 호흡은 신중하고 천천히 그리고 무리 없이 하도록 하라.[48]

초심자들은 '예수 기도'를 바치는 속도가 대개 여기에서 당부하고 있는 것보다 약간 빠르다. 백 번을 바치는 데 아마 20분쯤 걸릴 것이다.

비잔틴 관상가들이 전하고 있는 신체 기법과 힌두교 요가나 수피교에서 채택하고 있는 신체 기법들 사이에는 놀라운 유사점들이 존재한다.[49] 이 별개의 두 전승들 속에서 비록 유사하기는 하지만 독자적으로 이루어진 발전이었는지라 우연히 합치되었다고 밖에 볼 수 없는 이 유사점들이 대체 어느 정도까지나 서로 일치되고 있는가? 만일 관상파와 수피교 사이에 어떤 직접적인 관계가 있었다면-어떤 것들은 너무나도 흡사해서 우연히 합치되었다고 하기에는 힘든 점이 있다-도대체 어느 쪽이 어느 쪽을 답습한 것일까? 비록 증거가 너무나 단편적이어서 어떤 명확한 결론을 내

---

48) 같은 책 P. 81.
49) L. Gardet, 'Un Problème de mystique comparée : la mention du nom divin(dhikr) dans la mystique musulmane.' 「Revue Thomiste」 lii(1952), PP. 642-79i : liii(1953), PP. 197-216

릴 수는 없다고 하더라도, 이는 흥미로운 탐구 영역이 아닐 수 없다. 다만 우리가 잊어서는 안 될 사실 하나가 있다. 이 둘 사이에는 유사점들 못지않게 상이점들도 존재한다는 것이다. 모든 그림들은 다 액자 속에 들어있고 액자들은 모두가 공통된 모양을 하고 있지만, 액자 속의 그림들은 천차만별인 법이다. 그리고 중요한 것은 그 액자가 아니라 바로 그림인 것이다. '예수 기도'의 경우 신체 기법은 액자에 해당하며, 반면에 마음 속에서 부르는 그리스도의 이름은 바로 액자 속의 그림인 것이다. '예수 기도'의 "액자"는 분명히 닮은 꼴을 하고 있지만, 그렇다고 해서 그 속에 담긴 그림의 고유한 특성, 즉 '예수 기도'가 갖는 특유한 그리스도교적 성격이 변질되는 것은 결코 아니다. 기도 자체의 계속적인 반복이나 우리의 앉은 자세 또는 호흡 방식이 '예수 기도'의 본질적인 핵심이 아니다. 오히려 이 기도가 바쳐지고 있는 그분이 바로 핵심인 것이다. 기도의 말들은 이 같은 절차를 거쳐서 분명히 하느님의 아들이요 마리아의 아들이신, 육화되신 구세주 예수 그리스도께 도달되고 있는 것이다.

따라서 '예수 기도'와 연결되는 신체 기법의 존재가 이 기도의 진정한 성격을 흐려놓는 일이 있어서는 안 된다.

'예수 기도'는 결코 우리의 정신 집중이나 긴장 완화를 돕기 위한 고안물이 아니다. 이 기도는 "그리스도교식 요가"의 일종도, "초절적인 묵상"의 한 형태도, "그리스도교식 힌두 기도"도 아니다. 사실 사람들 중에는 이 기도를 그런 형태로 해석하려 드는 이들도 없지 않다. 그러나 이 기도는 그와는 정반대로 타자(他者) 사람이 되신 하느님, 우리 각자의 구세주요 구원자이신 예수 그리스도 를 특별히 지칭하여 바치는 호칭 기도인 것이다. 이처럼 '예수 기도'는 어떤 별개의 방식이나 기법과는 거리가 멀다. 이 기도는 특정한 맥락 속에서 존재하며, 이 맥락에서 벗어날 때 제 의미가 상실되고 만다.

'예수 기도'의 맥락이란 무엇보다도 우선 신앙의 맥락이다. '이름에 호소하는 기도'는 우선 기도하는 사람이 예수 그리스도를 하느님의 아들이자 구원자로 믿고 있다는 사실을 전제로 하는 기도이다. 일정한 형식의 말을 되풀이하는 일 이면에는 주 예수께 대한-'계시는 분'이신 그분과 그분이 나에게 개별적으로 해주신 것들에 대한-생생한 믿음이 자리하고 있어야 한다. 이 신앙은 매우 불투명할 수도 있고 흔들릴 수도 있다. 우리 가운데는 그런 사람들이 많다. 신앙이 의혹과 공존하고 있을 수도 있다. 그래서 우리는 악령에 사로잡힌 아들의 아버지처럼 "저는 믿습니다. 그러나 제 믿음이 부족하다면 도와 주십시오."(마르코 9,24)하고 소리치고 싶은 때도 많다. 그렇다고 하더라도 이 기도를 바칠 때에는 최소한 믿고자 하는 열망이 어느 정도는 있어야 한다. 모든 것이 불확실한 상태에서 아직은 우리가 지극히 불완전하게 밖에 알지 못하는 예수를 향해 번쩍이는 사랑이 있어야 한다.

둘째로 '예수 기도'의 맥락은 공동체의 맥락이다. 우리가 '이름'을 부르는 일은 따로 떨어진 개인으로서, 오로지 자신의 내적인 힘만을 의지하여 하는 일이 아니라 교회 공동체의 지체로서 하는 일이다. 성 바르사누피우스와 시나이의 성 그레고리오스, 테오판 주교 등과 같은 저술가들은 고백과 영성체를 통해서 교회의 성사 생활에 정기적으로 참여하는 교회의 세례 받은 지체들에게 '예수 기도'를 권장한다는 입장을 취했다. 그들은 '이름에 호소하는 기도'를 성사들의 대용물로 생각한 적은 한 번도 없었으며, 오히려 이 기도를 바치는 사람들은 마땅히 실천적이고 통교적(通交的)인 교회 지체들이 되는 것이라고 보았다.

그런데 호기심이 팽배하고 교회적 통합이 이루어지지 않고 있는 작금에는 실천적인 교회 지체가 되지 못하고 어쩌면 예수 그리스도나 여타의 진리들에 대한 뚜렷한 신앙이 없으면서 '예수 그리스도'를 애용하는 사람들이 꽤 많다. 과연 우리는 그들을 단죄해야 하겠는가? 그들로 하여금 이 기도를 활용하지 못하도록 막아야 하는가? 그들이 진실로 '생명의 샘'을 찾고 있다면 절대 그럴 필요가 없다. 예수께서는 위선자를 제외하고는 아무도 단죄하지 않으셨다. 그렇지만 우리로서는 더없이 겸허하고 또 자신의 불충을 뼈저리게 의식하는 상태에서 그런 변칙적인 사람들의 경우를 파악하고 진상을 알려줄 필요는 있다.

여정의 목적

완전한 그리스도교적 기도로서 '예수 기도'가 갖는 목적은 우리의 기도가 점진적으로 대사제이신 예수께서 우리 안에서 바치시는 기도와 합일되도록 한다는 것, 그리고 우리의 삶이 그분의 삶과 하나가 되고 우리의 숨결이 우주를 존속시키는 그분의 숨결과 하나가 되도록 한다는 것이다. 그러니까 그 최종 목표는 교부들의 표현대로 - "신성화(神性化)" 또는 "신화(神化)"를 뜻하는 - theosis라는 말로 묘사할 수 있다. 대사제 불가코프에 따르면 "인간의 마음 속에 내재하는 신화(神話) 능력을 우리에게 부여한다."[50] 성 아타나시우스 역시 "말씀이 사람이 되심으로써 우리는 하느님이 될 수 있게 되었다."[51]고 말하고 있다. 본질이 하느님이신 분께서 우리의 인성(人性)을 취하심으로써, 우리 인간도 은총을 통해 그분의 신성(神性)에 참여할 수 있게 되었고, "하느님의 본성을 나누어 받게"(Ⅱ베드로 1,4) 되었다는 것이다. '육화되신 말씀' 께 바치는 '예수 기도'는 우리 안에 이 "신화(theosis)"의 신비를 실현시킴

---

50) 『정교회』(London, 1935). P. 170(번역 수정)
51) 『육화에 관하여』54.

으로써 인간으로 하여금 참된 하느님의 모습을 지니도록 만드는 방편이 된다.

'예수 기도'는 우리를 그리스도와 결합시켜 줌으로써 우리가 성삼위의 공동 거처 또는 성삼위의 상호 내재성(Perichoresis)에 참여하는 데 도움을 준다. 이 기도가 우리의 일부로 녹아들면 들수록 우리는 성부와 성자와 성령 사이에 끊임없이 오가는 사랑의 흐름 속에 그만큼 더 깊숙이 몸담게 된다. 시리아의 성 이사악은 이 사랑을 다음과 같이 아름다운 말로 묘사하고 있다.

> 사랑이란, 예수께서 "너희는 내 나라에서 내 식탁에 앉아 먹고 마시리라."는 말씀으로 당신 제자들이 당신 나라에서 잔치상을 받게 되리라고 약속하실 때 상징적으로 지칭하는 바로 그 나라이다. 그들이 그 자리에서 먹고 마실 것이 사랑이 아니라면 다른 무엇이 있을 수 있겠는가? … 우리가 사랑에 도달할 때, 우리는 곧 하느님께 도달한 것이 되며 우리의 길도 끝이 난다. 우리는 세상 안에 내재하는 선, 영광과 주권을 지니신 성부께서 성자와 성령과 함께 계시는 그곳으로 건너간 것이다.[52]

관상 기도(Hesychast) 전승에 있어서 "신화(神化, theosis)의 신비는 외형적으로는 흔히 빛을 목격하는 형태를 취했다. 성인들이 기도 중에 목격한 이 빛은 지혜의 상징적인 빛도, 물리적이며 창조된 감각의 빛도 아니다. 그것은 창조되지 않은 거룩한 '하느님의 빛'

---

52) 「신비주의 논고집」Wensinck 역, PP. 211-12

과 같은 것으로 타볼 산에서 변모하신 그리스도로부터 비쳐나온 빛이요, 종말에 그분이 재림하실 때 온 세상을 비출 빛이다. 성 그레고리오스 팔라마스는 '하느님의 빛'에 관해 다음과 같은 탁월한 글을 남겼다. 그는 이 글에서 셋째 하늘까지 붙들려 올라간 사도의 목격담을 기술하고 있다.(Ⅱ고린토 12,14)

> 바울로는 위로나 아래로나 옆으로나 한없이 뻗어가는 어떤 빛을 보았다. 그에게 나타나 그의 주위를 비추고 있는 빛은 어디에도 걸린 곳이 없었다. 그 빛은 무한히 빛나며 마치 우주보다 더 거대한 태양과도 같았다. 그는 오직 눈만 가지고 이 태양 한 가운데 서 있었다.[53]

우리는 '이름에 호소하는 기도'를 통해 그 같은 영광의 영상에까지 도달할 수가 있다. '예수 기도'는 영광스러운 변모 때의 밝은 빛을 일으켜 그 빛이 우리네 삶의 구석구석에까지 스며들도록 해준다. 이 기도의 지속적인 반복이 「순례자의 길」을 쓴 익명의 저자에게 가져다 준 효과는 두 가지가 있다. 첫째로 그것은 그와 같이 주변 사물들과의 관계를 변형시켜 모든 것들을 투명하게 해주고 또한 그것들을 하느님의 현존의 한 성사(聖事)로 바꾸어 놓았다. 그는 이렇게 기록하고 있다.

> 내가 마음으로 기도하고 있을 때, 주변 사람들은 흥겹고 경이

---

53) 「거룩한 관상가들을 옹호하는 성삼위」, I, iii, 21(Meyendorff편, Vol. i, P. 157)

롭게 보였다. 나무들, 풀, 대지, 공기 그리고 빛이 마치 인간을 위해 존재하며 인간에 대한 하느님의 사랑을 증거하고 있노라고 말하는 것만 같았다. 모든 것이 인간에 대한 하느님의 사랑을 드러내 보이고 만물이 하느님께 기도드리며 찬미의 노래를 부르고 있노라고 이야기하는 것 같았다. 그래서 나는 「수덕 신학 선집」(The Philokalia)에서 말하는 이른바 "온갖 피조물들의 이야기를 아는 지식"이 무엇을 의미하는지, 이해하게 되었다. … 나는 예수 그리스도와 하느님의 모든 피조물에 대한 불타는 사랑을 느꼈다.[54]

불가코프 신부는 말한다. "예수의 이름의 빛은 마음을 뚫고 비쳐나와 온 우주를 밝힌다."[55]

둘째로 이 기도는 순례자와 주변 사물의 관계뿐 아니라 그와 다른 인간들 사이의 관계도 변모시켰다.

나는 또 다시 방황의 길을 출발했다. 그러나 이제는 그전처럼 근심에 싸여 걷지 않게 되었다. '예수의 이름에 호소하는 기도'가 내 발걸음을 경쾌하게 해주었다. 모든 이가 나에게 친절했다. 마치 모두가 나를 해치더라도 나는 "예수 기도가 얼마나 감미로운가"를 생각할 뿐이었다. 그러면 분노와 상처가 사라지고, 나

---

54) 「순례자의 길」, PP. 31-2, 41.
55) 「정교회」, P. 171.
56) 「순례자의 길」, PP. 17-18.

는 모든 것을 잊게 되었다.[56]

"너희가 여기 있는 형제 중에 가장 보잘것없는 사람 하나에게 해준 것이 바로 나에게 해준 것이다."(마태오 25,40) '예수 기도'는 우리로 하여금 모든 사람들 안에서 그리스도를 발견하고 그리스도 안에서 모든 사람들을 바라볼 수 있도록 도와준다.

그러므로 '예수 기도'는 도피주의적이거나 현세부정적인 것이 아니고 정반대로 매우 긍정적인 것이다. 이것은 하느님의 피조물을 배척하는 것이 아니고 모든 사물과 모든 인간의 궁극적인 가치를 하느님 안에서 재확인하는 것이다. 나데쟈 고로데츠키 박사(Dr. Nadejda Gorodetzky)는 말하고 있다.

> 우리는 이 '이름'을 사람들이나 책들, 꽃들, 우리가 마주치고 보고 생각하는 일체의 것들에다 적용시킬 수 있다. 예수의 이름은 세상을 여는 신비한 열쇠요 모든 사물과 모든 인간을 은밀하게 봉헌하는 도구로서, 세상에 거룩한 봉인을 찍을 수 있는 것이다. 여기에서는 모든 신도들의 사제직이 이야기될 수 있다. 우리는 우리의 '대사제'와 결합하여 내 기도를 성사(聖事)로 만들어 주시도록 성령께 애원할 수가 있는 것이다.[57]

"기도는 행위요, 기도하는 것은 곧 커다란 효험을 발생시키는

---

57) 「예수의 기도」, '검은 수사회', xxiii(1942), P. 76.
58) 「수덕의 길」, Tito Colliander, P. 71.

것이다."[58] 이 말은 다른 어떤 기도보다도 바로 '예수 기도'에 가장 훌륭하게 부합된다. 이 기도는 수도원 서원예식서에 수사와 수녀를 위한 기도로 특별하게 언급되고 있지만,[59] 평신도, 부부, 의사, 심리학자, 사회활동가 모두에게 두루 적합한 기도이기도 하다. '이름에 호소하는 기도'는 올바로 바쳐지기만 하면 각 사람으로 하여금 맡은 직무에 보다 열중하게 하고, 행동을 더욱 효율적으로 하게 되며, 다른 이들과 단절되지 않고 오히려 그들과 맺어지게 하고, 이전과는 다른 방식으로 그들의 두려움과 근심 걱정들을 감지할 수 있게 한다.

'예수 기도'는 각 사람을 "타인들을 위하는 인간", 살아있는 하느님의 평화의 도구, 활력 있는 화해의 주축으로 만들어 준다.

---

59) 그리스와 러시아의 관습상 수도자 착복식 때 기도매듭이 수여된다. 러시아의 경우 수도원장은 기도매듭을 수여하면서 이렇게 말한다. "형제여, 성령의 칼을 받으라. 이는 예수께 부단히 기도드리는 데 필요한 하느님의 말씀이니라. 그대는 항상 예수의 이름을 마음과 정신과 입술에 담고서 이렇게 말하라. 주 예수 그리스도 하느님의 아들이시여, 이 죄인을 불쌍히 여기소서."
N. F. 로빈슨, S S J E의 「정교회 수도원 제도」(London/Milwaukee, 1916), PP. 159-169을 보라. 기도를 세 가지 차원에서 나누고 있는 구분—입술, 정신, 마음—에 유의하라.

저자에 대하여

칼리스토스 웨어 대주교(본명 : Timothy Ware)는 1934년 영국에서 태어났다. 그는 옥스포드 대학에서 1952년부터 1958년까지 고대 희랍어와 라틴어, 철학과 신학을 공부했으며, 1965년 동 대학에서 5세기 그리스 교부 고행자 마르코에 대한 논문으로 박사학위를 취득했다.

양쪽 부모 모두 영국인인 가정에서 태어난 그는 본래 성공회의 전통 속에서 양육되었다. 그는 대학 생활의 시작인 1952년 정교회와 처음 접촉을 가진 이후 런던에 있는 그리스 정교회와 러시아 정교회에서 정교 성찬예배식에 참례하기 시작했다.

정교회에서 그를 매혹시켰던 것은 성찬예배식(Divine Liturgy)과 정교회의 신비신학 전통이었다. 특히 정교회에서 신학과 기도가 하나의 독특한 통합체로 연결되는 방법이 그를 매혹시켰던 것이다.

6년을 기다린 후에 그는 드디어 1958년 부활절에 런던의 그리스 대성당에서 열린 의식에서 정교회에 받아들여졌다. 그리고 1965년 칼리스토스라는 이름으로 보제가 되었고, 1966년 사제로

서품되었으며 그 해에 파트모스 섬의 신학자 성 요한 수도원의 수도사가 되었다.

같은 해인 1966년 가을에 칼리스토스 사제는 옥스포드로 돌아와서 그곳 그리스 정교회의 주관사제직을 맡게 되었다. 또한 그는 옥스포드 대학교의 신학대학에서 동방 정교 신학 부문의 강사로 임명되었으며, 1970년에 옥스포드 펨브룩 대학(Pembroke College)의 교수가 되었다.

대학에서 그의 강의는 주로 그리스 교부들의 예수에 대한 교리에 관한 것과 정교회 수도원 제도의 역사와 신비신학에 관한 것이었고, 그는 특히 신 신학자 성 시메온과 성 그레고리오스 팔라마스를 자주 언급하였다.

그의 저서는 영어와 불어판으로 십만 권 이상 팔렸으며, 비정교회 교인들에게 특히 도움이 되는, 정교회 역사에 대한 일반 소개와 정교회 교리 및 예배에 관한 「정교회」(The Orthodox Church, 1963)와, 18세기 히오스 출신 신학자의 생애와 활동에 관한 논문인 「Eustratios Argentis」(1969)와, 교부들과 예배서에 기본을 둔, 정교회 신앙과 기도에 관한 「정교회의 길」(The Orthodox Way)이 포함되어 있다. 그는 또한 다른 영국 정교회인들과 공동 작업으로 「필로칼리아」(Philokalia)를 영어로 번역하고 있는 중이기도 하다.

「예수 이름의 능력」이라는 이 짧은 책은 칼리스토스 대주교가 영국과 미국에서 가진 강연에 근거를 둔 것으로서 정교회인들과 비정교회인들의 질문에 대한 대답들인 것이다. 이 훌륭한 안내 서적에서 칼리스토스 대주교는 그의 모든 다른 서적에서와 마찬가지로 정교회 전통에 절대적으로 부착되어 있으면서도 한편 서방과 동방의 기독교인들이 이해할 수 있고 접근할 수 있는 방법으로 정교회 전통을 표현하려고 노력하고 있다.